GRAÇA ARANHA

Série Essencial | Concepção e coordenação
Antonio Carlos Secchin

Produção editorial
Monique Mendes
Revisão
Gilberto Araújo
Projeto gráfico e Editoração eletrônica
Estúdio Castellani

Catalogação na fonte:
Biblioteca da Academia Brasileira de Letras

S311 Sanches Neto, Miguel, 1965-.
Graça Aranha : cadeira 38, ocupante 1 (fundador) / Miguel Sanches Neto. – Rio de Janeiro : Academia Brasileira de Letras ; São Paulo : Imprensa Oficial do Estado, 2011.
68 p. ; 18,5 cm. – (Essencial ; 40)

ISBN ABL 978-85-7440-182-9
ISBN IO 978-85-401-0014-5

1. Aranha, Graça, 1869-1931. I. Imprensa Oficial do Estado (SP). II. Título: Cadeira 38, ocupante 1 (fundador). III. Série.

CDD B869.92

Esta edição adota o novo *Acordo Ortográfico da Língua Portuguesa*.

040

Série Essencial

Graça Aranha

Cadeira 38 / Ocupante 1 (fundador)

Miguel Sanches Neto

AD IMMORTALITATEM

Academia Brasileira de Letras

imprensaoficial
Governo do Estado de São Paulo

Graça Aranha

Miguel Sanches Neto

Dois Mundos

Um dos contrapontos mais significativos de nossa história literária é o da criação da Academia Brasileira de Letras em 1897, voltada para a estabilização de cultura nacional ainda muito recente, e a Semana de Arte Moderna de 1922, com seu espírito destrutivo, interessada na atualização radical do discurso artístico. Pouco mais de duas décadas separam estes dois esforços antípodas. Enquanto um grupo se empenhava em construir uma tradição, outro surgia para implodir tudo e começar do zero.

Se a distância cronológica é pequena entre estes dois momentos-chave de nossa cultura, um extenso percurso artístico os separa. Em um dos polos, o farol é Machado de Assis (1839-1908), com seu projeto de uma cultura clássica, em que a maturidade intelectual fosse o distintivo. Em carta de 08 de outubro de 1904, Joaquim Nabuco (1849-1910) expõe este ponto de vista a Machado de Assis:

> A minha teoria já lhe disse, devemos fazer entrar na Academia as superioridades do país. A Academia formou-se de homens na maior parte novos, é preciso agora graduar o acesso. Os novos podem esperar, ganham em esperar[1].

Entre os modernistas, o impulso era diametralmente oposto. Enaltecia-se a alegria jovem, que recusa esperar. Aqui, pontificarão Oswald de Andrade (1890-1954) e Mário de Andrade (1893-1945), com seus projetos de uma escrita nacional que incorpore os vícios e as virtudes da fala. Com propostas inconciliáveis naquele momento, a Academia Brasileira de Letras e a Semana de Arte Moderna representam conceitos e espaços que se negam mutuamente. Mas há um elo entre elas.

---

[1] *Correspondência de Machado de Assis e Joaquim Nabuco.* 3.ª edição. Rio de Janeiro: Topbooks, 2003, p. 123.

Em ensaio para marcar os 80 anos de Sérgio Milliet (1898-1966) e depois recolhido em *A Educação pela Noite*[2], Antonio Candido define o crítico paulista como um "homem-ponte", por ligar gerações, a dos modernistas e o pessoal da revista *Clima*. Na passagem do século XIX para XX ninguém desempenhou melhor esta função do que o escritor Graça Aranha (1868-1931), que se fez ponto de contato entre a geração de Machado de Assis e os jovens paulistas. Se o seu papel de líder modernista não se consolidou, ele foi com certeza uma voz decisiva para esta mudança de rota da cultura nacional.

Lição do Mestre

Graça Aranha participou do grupo fundador da ABL quando estava recém-entrado na casa dos 30, confirmando a observação de Joaquim Nabuco de que esta instituição nascera principalmente da união de jovens talentos. O patrono de sua Cadeira é Tobias Barreto (1839-1889), a quem o Acadêmico elege como mestre, colocando-se em uma perspectiva de continuidade. Grande animador cultural, Tobias Barreto deixou

---

[2] CANDIDO, Antonio. "O Ato Crítico". *In*: *A Educação pela Noite*. Rio de Janeiro: Ouro sobre Azul, 2006.

marcas nas ideias de Graça Aranha, que convivera com ele no Recife, durante seu curso de Direito (1881-1886).

O discípulo herda principalmente uma lição de combate. E, no final da vida, irá defini-lo, com evidente exagero, como "o maior nome do Brasil até hoje"[3]. O que o tornava tão grande para o memorialista que, tendo passado por todos os combates, tenta agora ordenar imagens de seu passado, é o seu poder de renovação e sua autonomia crítica: "A lição de Tobias Barreto foi a de pensar desassombradamente, a lição de pensar com audácia, a de pensar por si mesmo, emancipado das autoridades e dos cânones. A sua principal ação foi destrutiva. Naturalmente. No Brasil há muito que destruir" (p.573). É o modernista que fala nestas páginas de reminiscência, edificando uma linhagem avessa às convenções. Tobias Barreto seria, assim, quase um modernista.

Mas, no momento de surgimento da ABL, seu valor estava em figurar como um grande nome nacional, iniciador de um pensamento cientificista que se mantém em nossa cultura, com outras roupagens, até hoje. Não era o destruidor que recebia a reverência, mas o fundador de uma tradição, à qual o jovem escritor se ligara.

---

[3] ARANHA, Graça. *Obra Completa* (org. Afrânio Coutinho). Rio de Janeiro: Instituto Nacional do Livro, 1968, p. 574. Todas as citações de Graça Aranha sem outra referência serão deste livro.

Vindo de São Luís do Maranhão, onde sua família ocupava papéis de destaque na vida pública – seu avô havia sido Presidente da Província –, e tendo sofrido um novo nascimento no contato com a filosofia de espetáculo de Tobias Barreto, quando era ainda um jovenzito muito influenciável, unindo-se com a filha do Conselheiro José Bento de Araújo, Presidente da Província do Rio de Janeiro, e à intelectualidade posta no centro do campo do poder da Capital Federal, depois de passagens como Promotor e Juiz por cidades do interior brasileiro, Graça Aranha só tinha a lucrar com o convite para fazer parte da Academia, embora ele declare ter tentado recusar. O fato é que não recusou e foi no âmbito das relações da ABL que se fizeram a sua carreira profissional e seu renome literário. Por intermédio do Secretário da ABL, Joaquim Nabuco, ele acaba na diplomacia. Nabuco foi mais do que um amigo, adotando-o como uma espécie de companhia literária nas missões no exterior. É neste papel que Graça Aranha conclui a sua primeira obra.

Pois, na força de sua juventude, à data de seu ingresso na ABL, ele ainda não produzira livro que legitimasse a sua presença ali. Era autor de prefácios, contos, artigos e palestras, mais conhecido como um animador intelectual do que como escritor – e assim continuará sendo pelo resto de sua vida. A primeira obra (*Canaã*, 1902) será uma forma de usar sua experiência biográfica como tributo filosófico a Tobias Barreto, situando seu nome em uma corrente literária.

O Romance como Teatro

A figura performática contamina os espaços literários. As estratégicas narrativas de *Canaã* se resumem em dois grandes movimentos, que dominam todo o livro, abrindo pequenas brechas para outras manifestações: descrever e dissertar.

O romance tem uma estrutura contrapontística, que será recorrente na ficção de Graça Aranha. Tão afeito estava ele aos embates da vida pública que organiza os episódios narrativos por meio de oposições que buscam cumprir uma função didática. *Canaã* é um exemplo deste método, pois se manifestam no livro vários opostos em quadros muitas vezes autônomos: civilização *versus* selva; comércio *versus* agricultura; estrangeiros *versus* nacionais; idealismo *versus* utilitarismo; frieza *versus* tropicalismo; ordem *versus* desordem...

O motor do romance é a busca de um mundo novo, onde as relações humanas sejam mais autênticas. Desiludido com a civilização europeia, Milkau, jovem crítico literário de um jornal de Berlim, deixa o seu continente para procurar um lugar de essencialidades. Passa pelas cidades velhas de Minas Gerais e segue a Porto do Cachoeiro, no Espírito Santo, onde seus conterrâneos estavam construindo uma nova Alemanha. Vir para o Brasil era uma volta à origem para este jovem de formação sofisticada, que se manterá firme em suas ideias, perseguindo a terra da promissão. Na cidade, "limite de dois mundos que se tocavam" (p.61), ele conhece Lentz, outro jovem alemão, só que pragmático, afeiçoado ao ramo do comércio. Eles sustentam dissertações sobre os mais variados assuntos. Depois, os dois se unem e acabam comprando uma propriedade rural, atendendo assim a um desejo de Milkau: "Procuro uma vida estável livre, e o comércio é torturado pela avidez e pela ambição... além disso, penso que o trabalho digno do homem é a lavoura nos países novos e férteis como este, a indústria no velho continente" (p.63). Reflexão que não deixa de ser depreciativa para o país, mas que reflete uma visão comum ainda hoje.

Esse trabalho digno necessita, nos países novos, de ações cruéis. É sob este signo que se dá o primeiro grande confronto entre as concepções do jovem crítico e o mundo virgem em uma das belas páginas de nossa literatura, a queimada da mata (cf. Antologia). A posse da terra pelo fogo demonstra a Milkau que civilização é sempre destruição e dor.

A posição de Milkau será de solidariedade a este mundo, enquanto Lentz reconhece o poder do mais forte – idealismo e determinismo, respectivamente. Há um conflito contínuo no romance entre a recusa e a aceitação da força colonizadora própria do processo civilizatório em curso naquela região de mata tropical. Os dois jovens discutem filosoficamente prós e contras da presença alemã, que vai dando ao lugar uma feição industriosa, contra a lógica de um funcionalismo público que parasita os estrangeiros. O que fica em aberto no romance é se estes dois modelos devem ou não se misturar, e as contribuições desta mistura. A miscigenação melhoraria o elemento nacional? Este serviria para humanizar os colonos voltados ao trabalho? Impor a ordem civilizada ou herdar a desordem tropical? – eis o impasse ideológico do romance.

Essas e outras questões alimentam os diálogos dos dois jovens nos momentos iniciais de sua viagem ao coração da selva. Os debates diminuem quando eles se estabelecem na nova propriedade, na condição de agricultores, integrando-se à gente simples, onde Milkau sonha encontrar o fim do sofrimento – "Parece que atingimos uma região onde não chegam os gemidos humanos; aqui não há sinal de sofrimento, tudo é vida fácil, risonha e amável" (p.101). Em um primeiro momento, depois de deixar a Europa marcada pelo individualismo e as cidades velhas do Brasil, Milkau se sente na terra prometida, mas logo lhe chegam os gemidos do mundo. *Canaã* é a história de uma grande decepção, antecipando questões que a Primeira Guerra Mundial vai revelar – a violência da identidade bélica do povo alemão.

Se é a terra que sofre o primeiro grande sacrifício imposto pela civilização, a queima da mata virgem, será em uma mulher que Graça Aranha representará a impossibilidade da paz de espírito.

Maria Perutz é uma empregada que engravida de um dos filhos do patrão. Dentro da lógica do mais forte, ela é expulsa da casa dos alemães para que o filho se case com uma moça de posse. Num espaço de relações tão intensas, tudo é extremamente brutal. Maria vaga pela selva, confunde-se com a natureza, sendo vestida por um manto de vaga-lumes, e depois dá à luz sozinha neste território impiedoso, vendo seu filho ser devorado pelos porcos no momento de transe do parto. O mundo selvagem assume assim a sua duplicidade, é formoso e terrível. E tem uma continuidade na civilização. A colônia alemã e os magistrados punem exemplarmente Maria, que acaba presa pelo crime de ter oferecido o filho aos animais. Canaã é injusta. Milkau agora filosofa com o homem mais puro entre os brasileiros da região, Paulo Maciel. Este é um dos heterônimos do autor, que também se projeta em Milkau, revelando assim uma visão cindida de si próprio, algo que será característico da modernidade. Neste momento urbano, já desistindo do campo, ele se torna defensor da acusada, ajudando-a a fugir da prisão. No final do livro, que começa ensolarado e termina numa noite escura, ele faz a defesa da união, da superação das diferenças e das fronteiras, dentro da ideia de uma integração universal.

As dissertações dos personagens e as descrições da natureza retardam a narrativa, criando um ritmo de leitura lerdo. Enquanto o debate intelectual segue, o autor constrói paisagens extremamente vivas, mostrando um cenário nacional ainda desconhecido. É o fundo descritivo, mapeamento de uma realidade nova para a cultura, que garante a permanência de um romance que coloca em pauta a presença de novos elementos na composição de nossa identidade.

Se apresenta ideias inovadoras, o romance peca pela elevação literária da linguagem e pela dramaticidade dos episódios, que soam falsos, excessivamente teatrais. O próprio autor, em suas memórias, vai confessar isso:

> O gosto do teatro ficou entranhado em mim. Embora recalcado, ele secretamente me conduziu na vida. Não era eu que seria uma personagem dramática, eram os outros e o mundo, que sempre foram o meu espetáculo. Este impulso para transformar tudo em

> espetáculo me deu o profundo sentimento da técnica teatral a tal ponto que minha composição literária se ressente desta orientação (p. 560).

A narrativa perde com isso o seu ritmo próprio, rendendo-se a uma lógica artificial, a do palco, em que os personagens não falam entre si, mas falam e agem para o público, dirigindo-se a uma plateia. Em função disso, os capítulos são peças autônomas, fragmentos de uma narrativa que surge cheia de lacunas, com personagens meramente ilustrativos, sem maior importância para a trama além de caracterizar o ambiente social. Isso, que é um defeito do ponto de vista da fatura do romance, dá modernidade à ficção de Graça Aranha, funcionando muito bem dentro da tese do livro – a necessidade de superar a visão compartimentada e experimentar a unidade. Uma superação que não vem da alegria ou do desfrute das belezas do mundo, mas da participação da dor. É a desgraça que nos coloca além das divisões. É este o aprendizado que Milkau tira das novas fronteiras rurais do Brasil.

O Elemento Mítico

A publicação de *Canaã* dá a Graça Aranha uma grande nomeada. O caráter dissertativo lhe rende uma credencial de pensador da ficção brasileira, colocando-o ao lado daqueles que analisam a pátria. Uma pátria nova, encontrada nas descrições intensas do romance que é publicado no mesmo ano de *Os Sertões*, de Euclides da Cunha (1866-1909). Está em curso um movimento de descoberta de outros brasis, como o sertanejo e o internacional, tudo entendido como parte do país múltiplo que somos. Este discurso narrativo favorece as atividades do diplomata, interessado em mostrar a vocação para a unidade na nossa gritante diversidade.

A obra seguinte de Graça Aranha demora e não será fruto de uma pesquisa da realidade nacional, até porque o autor se encontra no exterior. É um livro vinculado à memória pessoal, a um Brasil que vem de seus tempos de infância, realizando-se no gênero teatral, o mais próximo da personalidade literária de Graça Aranha.

De caráter altamente biográfico, como toda a sua literatura, *Malasarte* (1911) é uma peça em três atos, em que a compartimentação narrativa se intensifica, criando descontinuidades a favor do livro. O elemento real aqui é desbancado pelo mágico. Uma mãe que está sendo despejada vê a tragédia tomar conta das pessoas à sua volta, enquanto o filho não faz nada. O drama sociológico é fraturado pela presença de uma figura mitológica, Malasarte, que surge do nada com o seu poder de insubordinação. Ele é o princípio da vida, como diz o filho Eduardo – "Malasarte é a vida esplêndida, é uma expressão maravilhosa da própria Natureza, nas suas transformações infinitas: ontem sol, árvore, mar, vento, leão, hoje homem..." (p.507). Há uma valorização do caráter mutante, que dinamiza a natureza. A peça coloca o mundo ordinário em contato com o maravilhoso, com a essência da nacionalidade. Em *Canaã*, o autor viaja a uma geografia nova; aqui ele se volta às raízes das crenças nacionais, buscando material não mais na floresta, e sim na alma popular do país, representada por este personagem malandro, que engana as pessoas, tirando-as do caminho. O autor o convoca de suas reminiscências infantis, por meio de sua ama Militina, que o apresentou às histórias fabulosas do povo brasileiro e africano. Ela é uma pessoa real que ganha *status* literário.

Além de Malasarte, há uma outra figura muito simbólica – Dionísia, o princípio do prazer, que afasta o filho-família dos dramas domésticos e o coloca a caminho do mar, espaço da utopia unitária, como ela defende: "Lá nós somos um com tudo o que existe" (519). A unidade estaria nestes festejos com a natureza. O caminho do personagem é da cidade (Rio de Janeiro) rumo ao mar, à despersonalização mítica. Eduardo (projeção ficcional do próprio autor) não efetiva esta passagem, acabando sozinho no final da peça, na dor da separação. Dionísia é criada a partir da paixão que o autor vive pela esposa de Oduvaldo Pacheco Silva, Nazaré Prado, filha da oligarquia cafeeira de São Paulo e mulher que terá um papel decisivo na sua vida e na sua obra. Ele a conhecera em Paris, no ano da publicação de *Canaã*, e esta peça marca o início da guinada na sua concepção filosófica, que passará da valorização do sofrimento para a do amor.

Representada pela primeira vez no *Thèatre de l'Oeuvre*, em Paris, em 19 de fevereiro de 1911, *Malasarte* não teve sucesso e é hoje de leitura difícil, mas influenciou a literatura brasileira, logo voltada para a valorização dos elementos da identidade nacional. Em 1918, Monteiro Lobato vai recolher em livro o material de um inquérito sobre o saci-pererê[4]. E será um personagem *à la* Malasarte a referência da ficção modernista, *Macunaíma* (1928). Mário de Andrade amplia assim os traços presentes nesta figura que Graça Aranha traz de suas memórias, numa percepção do valor cultural, de alta cultura, de nossos mitos. O autor de *Malasarte* identifica na magia o ele-

---

[4] LOBATO, Monteiro. *O Saci-Pererê: Resultado de um Inquérito.* Edição fac-similar. Rio de Janeiro: Gráfica JB S.A., 1998

mento distintivo do brasileiro, fazendo de sua natureza ilógica a espinha dorsal da peça. Os acontecimentos ganham um desfecho mágico, mais natural no teatro do que na ficção.

O Velho Moço

Assim, quem chega à Semana de Arte Moderna não é apenas um Acadêmico simpático às reivindicações da juventude, e que quer ocupar o lugar de líder. Seus livros traziam em semente questões centrais do Modernismo. A busca da unidade, uma constante na produção de Graça Aranha, leva-o a integrar-se aos tempos atuais. Desrespeitando as contingências históricas e geracionais, o escritor quer fazer parte do agora, ponto de confluência de todos os seres vivos.

Com a publicação de seus artigos em *A Estética da Vida* (1921), ele havia coletado num volume vários posicionamentos de ocasião em que a ideia da unidade estava presente. Diz ele: "A consciência criou este terrível sofrimento [a da separação entre o ser e o Todo]; é preciso que a consciência o elimine pela compreensão da Unidade essencial do Todo, da qual a nossa distinção é apenas ilusória" (p.592). Defende então a fruição estética da vida, enaltecendo três posturas: resignação à fatalidade cósmica; incorporação à terra; ligação com os outros homens.

A aproximação com os jovens virá deste último princípio, que entende o outro como parte de um eu maior, proposto como unidade infinita. Em "A Estética do Universo", a Alegria, com inicial maiúscula para lhe dotar deste sentido superior, se torna um conceito axial e uma práxis:

> A Alegria! Mas a alegria absoluta é a que vem da concepção estética do Universo, base da estética da vida. É a que vem de nossa integração no cosmo e realiza a unidade infinita do ser, a alegria que só pode ser dada aos estados especiais de inconsciência transcendental, a que atingimos pela mística religião, pela suprema filosofia, pelo vago da arte e pelo sublime do amor (p.618).

A identidade do homem nacional estaria neste território, na valorização estética da existência. Sendo isso que nos distingue, faz-se necessário superar o modelo europeu/lusitano, e desposar os trópicos, território da mestiçagem de raças, de temporalidades e de percepções. Graça Aranha definirá a nação brasileira como um "feixe de forças democráticas" (p.653), em permanente processo de movimentação por meio da mistura, que cria o novo – inclusive um novo idioma. Enquanto a identidade dos países europeus é estável, a nossa é movediça. Tal descoberta vai-se dando aos poucos, para ganhar um novo sentido depois da Primeira Guerra Mundial, que potencializa o caráter original de uma índole agregativa como a nossa em oposição às identidades segregantes.

Todas essas questões, e mais o valor literário de seus livros, principalmente de *Canaã*, credenciam o autor a participar da Semana de Arte Moderna como uma voz central. Pesa igualmente o fato de ele ser da ABL, o que tem um perfume de escândalo, muito bem vindo naquele momento. Para os jovens, era um reforço de outra geração, uma espécie de antepassado ilustre, que se somava às novas ideias, nascidas no contexto industrial de São Paulo, território onde o Modernismo tinha uma naturalidade socioeconômica.

Graça Aranha não se via, no entanto, como antepassado, pois a sua concepção monista da vida (em oposição aos dualismos) fazia com que ele se sentisse parte desta juventude artística. Acontecimentos biográficos também fortalecem esta ligação com São Paulo. Aposentado da diplomacia, muda-se para o Rio e faz constantes viagens a São Paulo, onde mantém atividade comercial em parceria com a família Prado. Mais do que o interesse profissional, ele vivia um caso amoroso com Nazaré Prado, embora continuasse casado com Maria Genoveva (a Iaiá), pois a legislação da época não permitia o divórcio. Esta paixão na madureza vai fazer Graça Aranha experimentar um rejuvenescimento, que pode ser visto no seu último romance (*A Viagem Maravilhosa*, 1929), onde a amante vira Teresa, uma herdeira rica, dominada por um marido grotesco, e o autor se apresenta como Felipe, jovem solteiro e revolucionário, que descuida dos assuntos financeiros da família para viver os seus ideais.

Por meio desse amor, Graça Aranha se sente um legítimo participante da revolução literária que estava acontecendo. E não se vê como um intruso neste momento paulista de nossa história. O descompasso, que depois gerará muitas negações de sua importância neste episódio fundante de nossa modernidade, se dá pelo fato de ele ser tido como um imigrante do Modernismo, oriundo da velha geração, enquanto ele se toma como um igual. O movimento de modernização manterá sua matriz paulista, seguindo os rumos que lhe deram principalmente Oswald e Mário de Andrade, apagando assim esta voz ao reduzi-la à função avalizadora.

Ser Moderno

Antes de se recolher à sua obra, há ainda um último lance teatral de Graça Aranha – seu rompimento com a ABL. Como a Semana de Arte Moderna era algo de abrangência mais paulista, ele transfere o embate para o Rio, organizando publicitariamente um discurso na ABL em 19 de junho de 1924, para o qual convidou os modernistas. Ele lê a sua conferência "O Espírito Moderno", reivindicando um papel progressista para a instituição, ao mesmo tempo em que faz uma vigorosa recusa dos passadismos e da vinculação com a língua de matriz lusitana.

Reforço simbólico à Semana de Arte Moderna, este discurso tenta atingir o centro desta instituição marcada pela missão de regulamentar a inteligência nacional. Tanto nesta conferência como na que fizera em 1922, Graça Aranha retoma o tema da integração ao universo pela arte, agora por meio de uma arte nacional. Na fala de 1924, vai exigir a mobilidade rumo aos novos tempos, terminando com um pedido de destruição das arquiteturas de importação literária e de valorização do que é produzido popularmente: "Recolho a língua do meu povo e transformo a sua poesia em poesia universal" (p.755). Ele vincula a Academia ao espírito tradicional, lusitano, e sobrepõe a ideia de modernidade e de nação, dizendo que o "modernismo é a função do nacionalismo". Ou seja, é a modernidade que nos distingue como povo:

> A condição essencial de ser brasileiro é ser moderno. Se somos uma nação nova, se ainda estamos a caldear as raças formadoras do país e a conquistar os nossos desertos, se somos arrebatados para o fu-

> turo pela miragem da esperança, como voltar os olhos para trás, rebuscando inspiração nas incertas tradições de confusos ou desdenhados antepassados? (p. 757)

Agora o seu ideário vai ser bem claro: modernizar, nacionalizar e universalizar o Brasil. Ele faz do caldeamento das raças um fator de universalização, de busca da unidade pela natureza compósita, tudo traduzido esteticamente, num sentimento vivo de arte.

Tais exigências, aliadas às restrições ao espírito acadêmico, determinam a sua saída da ABL, embora esta tenha tentado demovê-lo da decisão (que tem muito de espetáculo) ao mesmo tempo em que ela não renunciava de imediato ao seu poder conservador – algo que acontecerá depois com a incorporação de vozes modernistas.

Toda esta ressurreição da iconoclastia de 22 acontece logo depois de um movimento de valorização do espírito acadêmico: a publicação que Graça Aranha faz, com longo prefácio, da *Correspondência de Machado de Assis e Joaquim Nabuco* (1923), pilares apolíneos da Academia. Ao retornar a estes pais espirituais, acompanhando os impulsos que os moveram, ele prestava reverência a um modelo literário e social que se tinha tornado obsoleto. Dentro do contexto das reivindicações, esta homenagem ganha um caráter no mínimo estranho, servindo de exemplificação de algumas de suas críticas. Era aquele sistema aristocratizante (operado pelo ex-plebeu Machado de Assis) que se queria para a instituição? Graça Aranha parece se identificar mais com a trajetória de Nabuco, que deixou a sua classe para defender questões populares. Mas nada disso é dito de forma clara no livro, que apresenta principalmente os acontecimentos ordinários da vida acadêmica, meio que a apequenando. É talvez neste sentido que ele entendesse esta homenagem.

A Alma do Povo

A luta contra o espírito acadêmico foi a última grande empreitada de palco do escritor, que, sentindo diminuir a sua força, e tendo negada a sua relevância no processo de modernização, vai dedicar os derradeiros anos a escrever o romance *A Viagem Maravilhosa* – cujas ações transcorrem entre 1925 e 1926. É um livro de grande pretensão, mas que resultou frustrado. O pano de fundo histórico dele é a da conspiração revolucionária, do qual Graça Aranha participou, e pela qual acaba preso. Dentro de sua concepção, as mudanças não são só no campo da arte, mas em todas as esferas sociais, inclusive na política. Ele, assim, passa da revolução modernista para a social, dedicando parte do livro para falar sobre a urgência das mudanças progressistas, embora a alma do livro seja o amor por Nazaré, agora encarnada na personagem Teresa.

Teresa é uma mulher que viveu sempre no Rio de Janeiro, tal como o seu pai, um rico comerciante que antes de falecer arranja o casamento da filha com um homem ao qual ela era indiferente. O marido medíocre se faz um verdadeiro vilão, administrando os bens da esposa e tiranizando-a com o auxílio de uma empregada negra, em que ele se alivia sexualmente, pois Teresa lhe nega qualquer contato.

A heroína mora numa mansão na Glória, de onde vê o mar, aprendendo lições impossíveis de partir. Se não pode fazer a grande viagem, ela, que possui um carro, faz passeios modernistas pela cidade, na companhia de vizinhos e amigos, entre eles o amante Felipe, um jovem revolucionário em quem ela encontra o idealismo necessário para suportar a situação de aprisionamento. Ele funciona como "o ordenador, o arquiteto de seu ser" (p.258). Num mecanismo alegórico um tanto simplista, o marido representa o próprio governo predatório, que sangra o país: "Aquele homem odioso, aquela grosseira massa humana era movido pelo mesmo espírito diabólico, covarde, vingativo, que movia os flageladores do

Brasil" (p.249). Esta caracterização estereotipada opera uma divisão dualista do mundo, tal como nos outros romances, mas aqui de forma mais facilitada.

Em relação às obras anteriores, *A Viagem Maravilhosa* apresenta uma língua portuguesa menos literária, mais próxima dos usos sociais, embora sem os brasileirismos de um Mário de Andrade. Mesmo assim, constitui um esforço de escrever no nível da fala. Mas os personagens ainda são tipos, e a ênfase tão criticada pelo autor se manifesta nas ações narradas.

Igualmente incômoda é a desconexão dos episódios, convocados para o relato muito mais por motivos didáticos de apresentar o país ou de expor ideias (é ainda um romance que se quer dissertativo) do que por economia narrativa. Há momentos em que saímos inteiramente da sequência dramática do romance para passeios por ideias ou lugares. Esta tendência centrífuga é comum a todos os livros de Graça Aranha: mesmo nos ensaios, ele não consegue amarrar as discussões. O seu constante desejo de integração ao Todo talvez venha dessa propensão íntima para uma visão compartimentada, presente neste romance de forma quase insuportável.

Em *Canaã*, a região anexada literariamente é a do interior do Espírito Santo, com sua colônia de trabalhadores progressistas. É um período de desbravamento, que continua em curso. Valendo-se de um recurso folhetinesco, Felipe tem que sair do Rio para vender uma fazenda da família no interior de São Paulo. Antes do episódio, não há a menor referência a isso. E as muitas cenas na fazenda, intercaladas com as da capital, não têm nenhuma função, servindo apenas para fazer a crônica da rotina caipira, numa arqueologia de velhos costumes, na defesa do elemento italiano, já integrado ao país, e na crítica ao norte-americano, que está comprando as propriedades produtivas. Muitas são as conversas sobre o Brasil, num desejo de representá-lo modernamente. Agora, Canaã é apenas o nome de uma das fazendas, e não tem a menor chance de figurar como paraíso. Aliás, este tempo agrário de São Paulo já está entrando numa fase terminal. Os americanos planejam colonizar tudo, desfigurando as tradições construídas no caldeamento das raças. A próxima fronteira será o interior do Paraná, para onde um dos proprietários pretende ir, para aplicar seus conhecimentos e seus dividendos.

Como crônica, esses capítulos são interessantes, mas fraturam ainda mais uma narrativa já fragmentada. O desejo de construir um painel modernista do Brasil, numa síntese pela justaposição de elementos, falha neste romance em que sentimos como defeito a descontinuidade de cenário e de comportamento dos personagens. O livro tem como base o uso que

Mário de Andrade faz da justaposição de situações díspares em *Macunaíma*, sendo ambas as narrativas da mesma época, mas a opção pelo estilo realista e filosófico faz de *A Viagem Maravilhosa* uma obra errada, que não incorpora a rapidez da vida moderna/primitiva, tal como a rapsódia de Mário de Andrade – esta, sim, maravilhosa, enquanto a de Graça Aranha é apenas morosa.

A viagem de que fala o título é o amor, mas é também o deslocamento ao Brasil moderno, numa valorização da arte negra e indígena, das religiões e festas africanas – tão diferentes da festa em Cachoeiro, quando se dançavam músicas marciais da Alemanha. O que era negativo na cultura autóctone ganhou um valor positivo, figurando nos catálogos nacionalistas que são os livros do período.

A Viagem Maravilhosa termina de forma muito sofisticada, com uma cena do carnaval, momento de alegria democrática, em que as pessoas se integram ao universo pela festa e pela sensualidade. É o fechamento dionisíaco do romance: os amados misturados ao povo no carnaval, espécie de tempo em redemoinho, que sorve violenta e democraticamente tudo, na velha unidade essencial do Todo. É o enlouquecimento geral, superação da consciência, do princípio de realidade, permitindo assim uma experiência extrema. É a própria alma do povo, como ele diz em *A Estética da Vida*: "No Brasil o Carnaval é a alegria coletiva, todo um povo louco, num frenesi dionisíaco, que se harmoniza com o sol e o mar" (p.673) – o romance, assim, desenvolve questões tratadas inicialmente em *Malasarte*, numa percepção mágica e festiva do homem nacional. Nesta suspensão do real, os personagens se perdem, empreendendo a mais maravilhosa das viagens, a integração à alma popular.

O Homem Interrompido

Debilitado pelas lutas, literárias e políticas, e pelas críticas ao seu último livro, antecipação do papel secundário que a sua obra terá ao se desconectar do autor, Graça Aranha tenta escrever suas memórias (*O meu Próprio Romance*), mas deixa pronto apenas um capítulo e meio. É seu livro mais espontâneo, menos pretensioso, que poderia ter sido a sua obra-prima por ter como objeto uma vida fascinante, onde ele colocou toda a sua genialidade.

O seu grande legado não veio na forma de uma obra-prima que marcou a nossa literatura, mas de uma atuação cultural intensa, de uma inquietação artística e filosófica que teve um caráter formador. A maior contribuição de Graça

Aranha está na sua valorização pioneira do caldeamento das raças, na definição do homem nacional como produto apoteótico dessas misturas, atualizando ainda a língua portuguesa escrita no Brasil. Monteiro Lobato, Mário de Andrade, Oswald de Andrade, Gilberto Freyre, José Lins do Rego, Jorge Amado e muitos outros autores da literatura brasileira encontrarão um terreno literário já desbravado por este homem que, unindo idades tão antagônicas, participou de todas elas sem de fato ter pertencido a nenhuma.

ANTOLOGIA

Fogo na Mata* *

A ideia do fogo chamejou no espírito do companheiro. Pouco depois, os homens foram reunidos, e todos penetraram na floresta com um recolhimento sacerdotal, de quem vai cumprir os ritos de cultos infernais. Num dos ângulos da mata lançaram fogo à primeira moita, que lhes pareceu mais ressequida. Antes que a labareda apontasse para o alto as línguas ardentes, rubras, rápidas, uma fumaça grossa se desprendia do fundo da touça, suspendia-se no ar leve da floresta, vagando na direção dos caminhos como pastosas nuvens. Começara a queima. O fogo erguera-se e lambia num anseio satânico os troncos das árvores. Toda a ramagem da base foi ardendo, e as parasitas como rastilho de pólvora levavam as chamas à copa, e a fumaça aumentando entupia as veredas e arremessava para a frente o bafo quente do fogo, que lhe seguia no encalço. Muitas árvores estavam contaminadas, ardiam como tochas monstruosas, e estendendo os braços umas às outras espalhavam por toda a parte a voragem do incêndio. O vento penetrava pelos claros abertos, esfuziava, atiçando as chamas. Pesados

---

* *In: Obra Completa* [*Canaã*]. Rio de Janeiro: Instituto Nacional do Livro, 1968, pp. 112-3.

* Os títulos desta antologia, à exceção de "O Espírito Moderno", foram dados pelo organizador. [N. do O.]

galhos de árvores que caíam, troncos verdes que estalavam, resinas que se derretiam estrepitosas faziam a música desesperada de uma imensa e aterradora fuzilaria. Os homens olhavam-se atônitos diante do clamor geral das vítimas. Línguas de fogo viperinas procuravam atingi-los. Recuavam, fugindo à perseguição das colunas que marchavam. Pelos cimos da mata se escapavam aves espantadas, remontando às alturas num voo desesperado, pairando sobre o fumo. Uma araponga feria o ar com um grito metálico e cruciante. Os ninhos dependurados arderam, e um piar choroso entrou no coro como nota suave e triste. Pelas abertas do mato corriam os animais deslocados pelo furor das chamas. Alguns libertavam-se do perigo, outros caíam inertes na fornalha.

Num alvoroço de alegria, os homens viam amarelecer a folhagem verde que era a carne, e fender-se os troncos firmes, eretos, que eram a ossadura do monstro. Mas o fogo avançava sobre eles, interrompendo-lhes o prazer. Surpresos, atônitos, repararam que a devastação tétrica lhes ameaçava a vida e era invencível pelo mato adentro, quase pelas terras alheias. E feros e duros atiravam-se à enxada para cavar o aceiro. Do lado da praia o trabalho foi rápido e fácil; o terreno estava desbastado e limpo. Aí abriram o sulco protetor. Do outro lado, no meio da floresta, nos limites da área do lote, a luta foi tremenda. A nevrose do pavor centuplicou-lhes as forças. Os pigmeus que se não mediam com as árvores, e que, não podendo vencê-las, tinham recorrido ao fogo, agora, sob o aguilhão da defesa própria, se arrojavam contra os paus com o denodo de gigantes. E afogueados, enegrecidos, cavaram a trincheira pelo rumo, e, se encontravam o embaraço de algum tronco, atacavam-no a machado, com raiva, com ânsia, com febre. O aceiro foi sendo aberto até que o fogo se aproximou; a coluna, como um ser animado, avançava solene, sôfrega por saciar o apetite. Sobre a terra queimada na superfície, aquecida até ao seio, continuava a queda dos galhos. O fogo não tardou a penetrar num pequeno taquaral. Ouviram-se sucessivas e medonhas descargas de um tiroteio, quando a taboca estalava nas chamas. O fumo crescia e subia ao ar rubro, incendiado; os estampidos redobravam, as labaredas esguichavam, enquanto a fogueira circundava num abraço a moita de bambus. A cem metros de separação, os colonos cavavam sempre. Farto de devorar a carne dura do bambual, o fogo desafogou-se, e célere, e lépido, foi veredeando por um atalho, sorvendo os arbustos, que se erguiam à margem, até chegar ao aceiro. Já os homens num esforço imenso se tinham adiantado. As chamas abeiraram-se da vala, e, diante do espaço aberto e intransitável, detiveram-se e espalharam-se para a direita e para a esquerda, continuando a sua obra.

Os colonos e trabalhadores semimortos voltavam a casa, logo que se reconheceram senhores do perigo, invencíveis sacrificadores da terra.

À noite, da varanda do barracão, quando as estrelas em ritmo moroso parecia caminharem no céu, Milkau chamava na sua imaginação a vinda dos tempos sem violência, e os outros miravam numa diabólica satisfação a mata esbraseada a estorcer nas agonias do incêndio.

Vestida de Pirilampos*

Os primeiros vaga-lumes começavam no bojo da mata a correr as suas lâmpadas divinas... No alto, as estrelas miúdas e sucessivas principiavam também a iluminar... Os pirilampos iam-se multiplicando dentro da floresta, e insensivelmente brotavam silenciosos e inumeráveis nos troncos das árvores, como se as raízes se abrissem em pontos luminosos... A desgraçada, abatida por um grande torpor, pouco a pouco foi vencida pelo sono; e deitada às plantas da árvore, começou a dormir... Serenavam aquelas primeiras ânsias da Natureza, ao penetrar no mistério da noite. O que havia de vago, de indistinto, no desenho das coisas transformava-se em límpida niti-

---

* *In*: *Obra Completa* [*Canaã*]. Rio de Janeiro: Instituto Nacional do Livro, 1968, pp. 167-8.

dez. As montanhas acalmavam-se na imobilidade perpétua; as árvores esparsas na várzea perdiam o aspecto de fantasmas desvairados... No ar luminoso tudo retomava a fisionomia impassível. Os pirilampos já não voavam, e miríades e miríades deles cobriam os troncos das árvores, que faiscavam cravados de diamantes e topázios. Era uma iluminação deslumbrante e gloriosa dentro da mata tropical, e os fogos dos vaga-lumes espalhavam aí uma claridade verde, sobre a qual passavam camadas de ondas amarelas, alaranjadas e brandamente azuis. As figuras das árvores desenhavam-se envoltas numa fosforescência zodiacal. E os pirilampos se incrustavam nas folhas e aqui, ali e além, mesclados com os pontos escuros, cintilavam esmeraldas, safiras, rubis, ametistas e as mais pedras que guardam parcelas das cores divinas e eternas. Ao poder dessa luz o mundo era de um silêncio religioso, não se ouvia mais o agouro dos pássaros da morte; o vento, que agita e perturba, calara-se... Por toda a parte a benfazeja tranquilidade da luz... Maria foi cercada pelos pirilampos que vinham cobrir o pé da árvore em que adormecera. A sua imobilidade era absoluta, e assim ela recebeu num halo dourado a cercadura triunfal; e interrompendo a combinação luminosa da mata, a carne da mulher desmaiada, transparente, era como uma opala encravada no seio verde de uma esmeralda. Depois os vaga-lumes incontáveis cobriram-na, os andrajos desapareceram numa profusão infinita de pedrarias, e a desgraçada, vestida de pirilampos, dormindo imperturbável, como tocada de uma morte divina, parecia partir para uma festa fantástica no céu, para um noivado com Deus... E os pirilampos desciam em maior quantidade sobre ela, como lágrimas das estrelas. Sobre a cabeça dourada brilhavam reflexos azulados, violáceos e daí a pouco braços, mãos, colo, cabelos sumiam-se no montão de fogo inocente. E vaga-lumes vinham mais e mais, como se a floresta se desmanchasse toda numa pulverização de luz, caindo sobre o corpo de Maria até o sepultarem numa tumba mágica. Um momento, a rapariga inquieta ergueu docemente a cabeça, abriu os olhos, que se deslumbraram. Pirilampos espantados faiscavam relâmpagos de cores... Maria pensou que o sonho a levara ao abismo dourado de uma estrela, e recaiu adormecida na face iluminada na Terra...

Mulher!*

Seguia deliciosamente todo aquele brando respirar, e pouco a pouco uma funda perturbação lhe alvoroçava o sangue, Mulher!.. pensava ele. E esta palavra evocadora dilatava-lhe os horizontes da restringida e quase apagada sensualidade. Mulher! E lá vinham os esquecimentos, onde jaziam sepultadas as visões lúbricas e lascivas... Mulher!.. E um torpor, um espreguiçamento dos músculos o desequilibrou de uma vez e o atirou a uma vertigem de volúpia... Milkau levantou-se trêmulo, o coração galopando, a garganta estrangulada, a boca seca. Chegou-se à porta entreaberta do quarto de Maria. Cresceu-lhe o tremor e uma lânguida moleza o deteve, dando-lhe um instante de consciência e um profundo vexame... O homem forte ficou envergonhado desse momento de loucura, e, abrindo a janela, pôs-se a cismar debruçado sobre a noite divina... Amaldiçoou-se e teve nojo de si; viu-se o ludíbrio do desejo e descreu da redenção...

Maria continuava a dormir tranquilamente; o seu respirar chegava sempre aos ouvidos de Milkau, enchendo-o de um gozo infinito... Não era um ressonar de adormecida, era um

---

* *In: Obra Completa* [*Canaã*]. Rio de Janeiro: Instituto Nacional do Livro, 1968, pp. 175-6.

suspiro de amante, debaixo de cujas camadas sonoras se sente o mistério do instrumento, que vos canta... O cheiro do jardim transtornava as coisas... Milkau estremeceu outra vez, sacudido pela volúpia... Era noite e todos se amavam... Aquela hora chegava-lhe do Universo inteiro o eco do amor... Só ele era mudo... E o seu olhar perscrutava as sombras da imensidade... Tudo se iluminava ao poder formidável da sua alucinação. E tudo era uma cisão de amor: as bocas se beijavam com febre, os braços se apertavam enlaçados, os corpos, misturados, gemiam num frenesi de doidos... O solitário também amou... O sangue dentro dele, o jovem sangue parado pela ilusão, desgelou-se num momento e, quente e sôfrego, clamou o corpo da mulher... Milkau deixou a noite tentadora e entrou no quarto de Maria. Os cabelos dela estavam soltos e caíam sobre o colo nu... Milkau recolheu a quentura do corpo feminino, que amornava o aposento, e nos cabelos de Maria, como em frocos macios e louros, mergulhou a mão até ao fundo... E ficou trêmulo, num frêmito convulso, mudo e refreado. Deslumbrado pela vertigem, via-lhe os cabelos descer pelo corpo abaixo, correntios, luminosos, como um rio de ouro... Ficou assim séculos pregado àquele corpo, sem poder ir além, numa arquejante respiração, que acordou a rapariga. Ela, com os olhos meio cerrados, perguntou:

– Já são horas de partir?

A voz inocente caiu sobre Milkau como uma rajada de frio. Retirou a mão, e voltando rapidamente a si, fugiu, murmurando:

– Não, não... Dorme... Sossega... Não é nada...

Filho Partilhado pelos Porcos*

Sempre as mesmas dores, agora mais miúdas, mais cortantes, acabando num grito soluçante, que se perdia num longo espasmo. Sofria muito, o corpo lhe tremia convulso, os dentes batiam de frio nervoso, as mãos róseas cerravam-se como molas de ferro. Tudo nela era desordem; os cabelos, desprendendo-se, caíam enovelados sobre o rosto, as faces túmidas estalavam de sangue, o vestido arrebentando deixava ver o colo nu e arquejante. E de repente sentiu-se mais desfalecida, parecendo que se ia desmanchando numa umidade viscosa, repugnante...

A morte devia ser assim. Oh! pior que a morte... Novas dores vieram, abafadas, quase surdas, sacudindo-a violentamente, dando-lhe ânsias de apertar alguma coisa contra si. Maria abraçou-se ao tronco deitado do cajueiro. Os seus olhos desvairados não viam mais nada. Nos ouvidos entrava-lhe o resfolegar roufenho dos porcos, que a cercavam, atraídos pelo cheiro que daí se exalava... E ela agarrava-se à árvore, estreitando-a com os níveos braços nus e mordia o tronco, cravando-lhe os dentes desesperadamente, convulsivamente... Em

---

* *In: Obra Completa* [*Canaã*]. Rio de Janeiro: Instituto Nacional do Livro, 1968, pp. 192-3.

torno fungavam os porcos, remexendo as folhas secas do cajueiro, chegando mesmo alguns mais atrevidos, mais vorazes, a lamber afoitamente o chão... Maria, horrorizada, queria afugentá-los, mas as dores a retomavam, imperiosas; nem mesmo tinha forças para um grito agudo, e só podia gemer estrebuchando numa mistura de sofrimento e de gozo, que a estimulava estranhamente... E os porcos persistiam sinistros, ameaçadores... Subitamente, ela caiu extenuada, largando a árvore... Um vagido de criança misturou-se aos roncos dos animais... A mulher fez um cansado gesto para apanhar o filho, mas, exangue, débil, o braço morreu-lhe sobre o corpo. Uma vertigem turbou-lhe a visão, enfraqueceu-lhe os ouvidos, e numa volúpia de bem-estar parecia deliciosamente suspensa nos ares, longe da Terra, longe do sofrimento, ouvindo no arfar dos porcos o resfolegar longínquo e adormecedor do mar... E os animais sedentos enchafurdavam-se, guinchando, atropelando-se no sangue que corria. Um novo gemido saiu do peito de Maria, despertando-a, em sobressalto. Os porcos afastaram-se espantados, e ela, meio consciente, contorceu-se, mirou atônita a criança, que vagia estrangulada. Depois, quando um grande vácuo se lhe fez de todo nas entranhas, a dor cessou, e Maria mergulhou afundada em outra vertigem. Os porcos, sentindo-a sossegada, precipitaram-se sobre os resíduos sangrentos, espalhados no chão. Devoravam tudo, sôfregos, tremendos; sorveram o sangue e na excitação da voracidade arremessaram-se à criança, que às primeiras dentadas soltou um grito forte, despertando a mãe... Quando esta abriu os olhos, deu um salto brusco e pondo-se de pé, lívida, hirta, alucinada, viu o filho aos trambolhões, partilhado pelos porcos, que fugiam pelo campo afora...

Cantos do Coração*

EDUARDO – Que medo, e que nunca mais me deixou de todo! Tudo ainda rola na minha cabeça. As histórias que me contaste, Militina, não se apagaram ainda, estão frescas como me chegaram à imaginação de criança... Nelas está toda a minha meninice... Foste tu, minha mãezinha, que me criaste a imaginação, e eu te devo esta maravilha que cada um de nós tem no fundo da alma e vai carregando como um tesouro pelo tempo adiante. Foste tu que me fizeste ver os encantos dos jardins de Bagdá; tu me mostraste as grutas, as pedras preciosas, as moradas dos gênios; tu me deste a lâmpada de Aladim, e o Oriente fabuloso passou aos meus olhos como uma fantasia. Nos teus contos recolhi a alma antiga, assisti aos combates dos cavaleiros, batalhei ao flanco de Roldão e chorei os tristes amores de Isolda. Ah! Militina, como tu me encantaste a infância! Tudo o que aprendi depois não vale as fábulas com que encheste a minha cabecinha de criança. São elas, grandes, famosas ou humildes, quase ignoradas, as geradoras do meu espírito, e não o que recebi depois, tão árido e triste. Oh! entranhada e longínqua poesia da raça! Como me sinto nos outros tempos, quando escuto dentro de mim a melancolia do mar e do destino que se canta na *Nau Catarineta.*

---

* *In: Obra Completa* [*Malasarte*]. Rio de Janeiro: Instituto Nacional do Livro, 1968, pp. 507-8.

MILITINA *(Cantando)* –
Acima, acima, gajeiro,
Acima, ao tope real,
Olha se enxergas Espanha,
Areias de Portugal!

EDUARDO. – E a alma das nossas florestas que me revelaste... o currupira tenebroso, diabólico, terrível, astuto e misterioso, eu o sinto dentro de mim como a divindade das matas, e ele me apavora... E o triste carão que chora por não mudar as penas, perpetuamente as mesmas... E a pele do jurupari, que numa fome atroz devora faminta o próprio corpo que ela reveste... A própria vegetação chora nesses contos, os cabelos se mudam em plantas que se lamentam...

MILITINA –
Jardineiro de meu pai,
Não me cortes os cabelos,
Minha mãe me penteou,
Minha madrasta me enterrou...
Xô, xô, passarinho!

EDUARDO – Por que todos esses cantos do povo são tristes?

MILITINA – Porque vêm do coração.

Meditação sobre a Língua Portuguesa*

A perfeição é o sinal do começo da decadência e da morte. Na arte, na literatura, como na Natureza, a observação nos demonstra a verdade desta lei da evolução universal.

A escultura começou a declinar quando atingiu a perfeição de Fídias. Praxíteles é um admirável escultor de perfeição, mas a força criadora estava extinta. A poesia latina morreu com Virgílio, Horácio e Ovídio, seus perfeitos mestres. A poesia francesa chegou ao seu apogeu na forma raciniana. Depois, mesmo com Hugo, Musset, Vigny e Lamartine, nada renovou. A língua estava perfeita e definitiva. Só mais tarde, com Baudelaire e Malarmé, tomou nova feição. Em Portugal, a língua, que foi pedregosa, dura e difícil, se foi apurando até dar-lhe Camões a perfeição. Depois, a poesia seguiu o ritmo camoniano e nada foi criado. Garrett é um romântico amaneirado. A prosa portuguesa também se fixou em João de Barros e Vieira; Herculano foi um perfeito escritor dentro da forma clássica. Eça de Queirós teve a felicidade de trazer à literatura portuguesa dons de vida. Foi um artista que, ignorando a língua, escreveu de um modo encantador, numa língua espontâ-

* *In: Obra Completa* [*A Estética da Vida*]. Rio de Janeiro: Instituto Nacional do Livro, 1968, pp. 659-60.

nea e corrompida, com certa liberdade, por lhe serem estranhos os moldes clássicos. E assim os principais defeitos do escritor, que é Eça de Queirós, contribuíram para a vivacidade e a magia dos seus livros. No Brasil, a situação da língua favorece o gênio criador. A perfeição aí é difícil de ser atingida. Quem escreve na língua de Camões e Vieira e mesmo de Herculano ou Camilo, escreve uma língua afetada e postiça. A língua exprime a grande desordem da formação nacional. Nesse tumultuoso rio, várias correntes se despejam e as águas são turvas, porém violentas e bravias e às vezes de uma livre e grandiosa beleza. A vida se desenvolve em toda a natureza. Cada instante é uma nova afirmação do espírito humano sobre a infinita matéria, e as relações se manifestam na fantasia das expressões felizes, novas, alegres de nascer... De toda a parte chegam numerosas palavras, que se impõem pela violência, ou se afeiçoam jeitosas à atmosfera. Tudo é uma grande aluvião, e a terra é movediça, e o espírito ali sopra livre e fecundo. Vindas da própria natureza maravilhosa, vindas da vida humana que ali se desenvolve, ou vindas de longe, de remotas paragens, encanto de uns, espanto de outros, as expressões da linguagem lutam, se repelem e afinal se cruzam por instantes, até que novas expressões, novas formas não cheguem e não perturbem violentamente a plácida corrente que se havia formado... E com a língua assim vai o estilo, movediço, tortuoso, sem regras, numa desordem que irrita, mas que é um sinal de infância ou de perpétua renovação. E ainda nada se fixou; as velhas formas portuguesas são absurdas na terra incoerente e paradoxal do Brasil. Há uma liberdade suprema para se revelar o gênio literário. E há um imenso esforço para atingir a perfeição. É o delicioso momento de uma literatura, o maravilhoso instante de criação em que se luta por fabricar de tantas matérias belas e informes a obra-prima. E enquanto as raças trouxeram as suas expressões próprias, enquanto do solo e da civilização que se forma a linguagem for inquieta, tumultuosa, o esforço será magnífico, e soberbo o espetáculo da criação literária; mas, quando naquele mundo estranho tudo se fixar, e uma só raça, uma só nação, uma só alma ali for definitiva, e grande, e majestosa, e serena, a perfeição será atingida e assisteremos ao começo da morte!

Negação da Classe Social*

Para aí chegar, a viagem espiritual de Machado de Assis foi bem secreta. Veio do nada, venceu as suas origens modestas, tornou-se homem de cultura, de gosto e criou a sua própria personalidade. É um doloroso e belo poema o da elaboração do gênio neste obscuro heroísmo. Machado de Assis não revelou nunca esse árduo combate interior, não fez transbordar no ódio e no despeito a sua humildade inicial. Aristocratizou-se silenciosamente. O seu heroísmo está neste trabalho de libertar-se da sua classe, nessa tragédia surda do espírito que se eleva, na distinção pessoal, no desdém de ser agressivo aos poderosos e aos felizes. Da sua angústia intelectual transpira a perene melancolia da luta. Das tristes fontes da sua inteligência persiste para sempre o travo da amargura. Mas esta amargura da vida é nobre, é o desencanto do civilizado e não o rancor do escravo e o destempero do selvagem.

O heroísmo de Joaquim Nabuco foi o de separar-se da aristocracia e fazer a abolição. O heroísmo de Machado de Assis foi uma marcha inversa, da plebe à aristocracia, pela ascensão espiritual. Ambos tiveram de romper com as suas classes e heroicamente afirmar as próprias personalidades.

---

* *In: Obra Completa* [*Correspondência de Machado de Assis e Joaquim Nabuco*]. Rio de Janeiro: Instituto Nacional do Livro, 1968, pp. 685-6.

Espírito Moderno*

[...]

O primitivismo dos intelectuais é um ato de vontade, um artifício como o arcadismo dos acadêmicos. O homem culto de hoje não pode fazer tal retrocesso, como o que perdeu a inocência não pode adquiri-la. Seria um exercício de falsa literatura naqueles que pretendem suprimir a literatura. Ser brasileiro não é ser selvagem, ser humilde, escravo do terror, balbuciar uma linguagem imbecil, rebuscar os motivos da poesia e da literatura unicamente numa pretendida ingenuidade popular, turvada pelas influências e deformações da tradição europeia. Ser brasileiro é ver tudo, sentir tudo como brasileiro, seja a nossa vida, seja a civilização estrangeira, seja o presente, seja o passado. É no espírito que está a manumissão nacional, o espírito que pela cultura vence a Natureza, a nossa metafísica, a nossa inteligência e nos transfigura em uma força criadora, livre e construtora da Nação.

O movimento espiritual, modernista, não se deve limitar unicamente à arte e à literatura. Deve ser total. Há uma ansiada necessidade de transformação filosófica, social e artística. É

---

* *In: Obra Completa* [*Espírito Moderno*]. Rio de Janeiro: Instituto Nacional do Livro, 1968, pp. 753-5.

o surto da consciência, que busca o universal além do relativismo científico, que fragmentou o Todo infinito [...].

Tudo se harmoniza, espírito e natureza, no fulgurante ambiente brasileiro. O céu não é leve nem sutil para alimentar ideias de débil e fria beleza. Não é um céu clássico para cobrir acadêmicos. É um céu ardente, escandecido, longínquo e implacável, que aspira as forças da Natureza, homens e coisas, os eleva, os engrandece e os dissolve na imensidade da luz. O dinamismo brasileiro tem o seu segredo na profunda harmonia com as forças do Universo, que aqui se apresentam fecundas, céleres, voláteis, vorazes. Não percamos o equilíbrio neste jogo arriscado com a eternidade. Sob este céu, encerrados neste quadro da energia tropical, debatem-se os espíritos dos homens. À margem desta baía, que o mar fecunda e que a terra contempla numa elevação extática, os sonhos dos jovens brasileiros se cruzam. Tudo é nítido no espaço ardente; a água lisa espelha, as ilhas reluzem, as casas inflamam-se, vapores, cúpulas, navios, zimbórios, azulejos, pedras, árvores, tijolos, barcos, tudo pesa e tudo se agita. É o movimento universal na quitação luminosa. Na ânsia de posse da Terra e de libertação espiritual, uma voz dirá:

"Tudo isto me apavora e a minha alma não se harmoniza com esta loucura das forças da Natureza. A consciência antiga separa-me do Todo e afasta-me da terra desconhecida. Volto às raízes do meu espírito. Os meus olhos fecham-se a esta luz agressiva e só veem a claridade serena, que iluminou a alma dos meus antepassados europeus. Torno à terra antiga da civilização, reintegro-me no mundo clássico, com que se harmoniza o meu pensamento. Há uma volúpia no Passado, que é a atração da morte".

Outra voz responderá:

"Este é o meu Brasil. A nossa união é imorredoura. Nada me afasta da sua energia transcendente, que vibra na minha alma e alegra a minha fusão com esta terra exaltada e fascinante. Os meus olhos não se voltam para o Oriente, de onde vieram os meus antepassados, eles só fitam a imensidade da terra, que avança para o Ocidente, e é um dom da energia da minha raça. Repilo os artifícios do Passado, deslocado nesta feliz magnificência sem história, nem antiguidade humana. Destruo toda esta arquitetura de importação literária, grega, rococó, colonial, servil. Destruo toda esta escultura convencional e imbecil, esta pintura mofina. Destruo toda esta literatura acadêmica, romântica, literatura que só é literatura e não vida e energia. Construo com o granito, com o ferro, com a madeira, que a terra pródiga me oferece, a morada simples, clara, forte, graciosa do brasileiro. Ergo os palácios, as fábricas, as estações, os galpões, não copiando as nossas florestas, os nossos montes, mas com a força dinâmica libertadora do espírito moderno, que cria coisa própria. Recolho a língua do meu povo e transformo a sua poesia em poesia universal. Faço da minha atualidade a forja do Futuro".

Caçadas aos Caititus*

As massas concentradas dos morros esculpem-se à luz rubra do sol. As várzeas e os cerrados achatam-se firmes. As cores estendem-se sobre as superfícies duras dos volumes. Na imensidade sólida, a terra imóvel. Sobre ela, os carreadores descem, sobem e caminham até a mata. O ímpeto anula toda a ordem. No insondável, crepita a vida profunda, insaciável de criação e movimento. A seiva inexorável projeta-se nos seres, que a vitória da força e a paciência do tempo modelam. O frêmito erótico da mata gera o mundo tropical. Do bojo da incomensurável matriz pululam as formas inumeráveis da essência imorredoura. Tudo continua na unidade infrangível. Tudo confunde-se no atropelo da criação. Aquela pedra respira, floresce, é um vegetal, aquele cipó amarra as árvores, palpita, é uma cobra. O que vai ser representa-se por antecipação. A seiva germina o invisível e o monstruoso. Os jequitibás postam-se, enormes, espectrais, à entrada da mata para guardar o mistério verde. À noite enche toda a negrura, surgindo dos esconderijos da terra ou descendo docemente do alto. A mata recende à resina e a alho. Outros gigantes sucedem aos jequi-

* In: *Obra Completa* [*Viagem Maravilhosa*]. Rio de Janeiro: Instituto Nacional do Livro, 1968, pp. 466-7.

tibás. Árvores veneráveis e meditabundas. No fundo, onde todas as vozes da floresta se calam, alteia-se velha figueira. O tronco, um rochedo. Dele, possantes raízes arremessam-se, erguem-se e fortificam uma vasta área de liberdade. Neste alicerce de granito, o tronco sobe vencedor, enquanto as raízes temerosas entranham as garras na massa da terra vencida. Milhares de plantas alvissareiras, servis, adornam o monstro. A velha árvore eleva-se graciosa, rejuvenescida subitamente, agasalhadora, alargando os galhos robustos, pejados de folhas. Dentro deles a luz extasia-se, a música é ardente, o esquecimento perpétuo. Os invisíveis continuam infatigáveis a destruir e a refazer a vida. As formas lutam, vencem, explodem em volumes coloridos. A floresta maravilha-se na formidável eclosão de plantas, árvores, pássaros, reptis e feras. A imaginação encanta-se no terror. Os seres irreais. A mata procria a floresta de mitos. A volúpia corre, arrebata, transfigura. A combustão abrasa, alucina. Febre de exaltação, delírio, perdição, aniquilamento. O mistério eterniza-se. A magia seduz e abisma. Mistério, magia, luxúria, imensidade, criação, terror, tudo é o sortilégio do Brasil.

As cabeças dos caititus, estranhos corações humanos sangram. No sangue florestal correm a vida, os desejos, a ferocidade.

Carnaval*

Alguns dias depois explode embaixo o carnaval. Maravilha do ruído, encantamento do barulho. Zé-Pereira, bumba, bumba. Falsetes azucrinam, zombeteiam. Viola chora e espinoteia. Melopeia negra, melosa, feiticeira, candomblé. Tudo é instrumento, flautas, violões, reco-recos, saxofones, pandeiros, latas, gaitas e trombetas. Instrumentos sem nome inventados subitamente no delírio da improvisação, do ímpeto musical. Tudo é canto. Os sons sacodem-se, berram, lutam, arrebentam no ar sonoro de ventos, vaias, claxons e aços, estrepitosos. Dentro dos sons movem-se as cores, vivas, ardentes, pulando, dançando, desfilando sob o verde das árvores, em face do azul da baía, no mundo dourado. Dentro dos sons e das cores movem-se os cheiros, cheiro negro, cheiro mulato, cheiro branco, cheiro de todos os matizes, de todas as excitações e de todas as náuseas. Dentro dos cheiros, o movimento dos tatos, violentos, brutais, suaves, lúbricos, meigos, alucinantes. Tatos, sons, cores, cheiros que se fundem em gostos de gengibre, de mendobim, de castanhas, de bananas, de laranjas, de bocas e de mucosas. Libertação dos sentidos, envol-

---

* *In: Obra Completa* [*A Viagem Maravilhosa*]. Rio de Janeiro: Instituto Nacional do Livro, 1968, pp. 488-9.

ventes das massas frenéticas, que maxixam, gritam, tresandam, deslumbram, saboreiam, de Madureira à Gávea, na unidade do prazer desencadeado. Carnaval. Tudo efemina-se. Glória da mulher. Ela, para ela e por ela. Inversão universal. Homens-fêmeas. Mulheres-machos. Retorno ancestral ao culto lunar, ao mistério noturno. Desforra da fêmea. Ressurreição das bacantes, das bruxas, das diabas. Missa negra, tragédia negra, magia negra. Triunfa a negra, triunfa a mulata. Música, fanfarra, préstito, maxixe, samba. No noturno da Praça Onze o negro e o castanho dominam os vermelhões das caras, das carnes, das máscaras e das vestimentas álacres, vibrantes. Automóveis e bondes faíscam, iluminam, enfeitam. Os ranchos cantadores rompem a massa colorida, esquentada. Os cheiros doidos alvoroçam-se e embriagam. Para matar a sede dos cantadores, dos berradores, os refrescos de coco, os gelados de limão e abacaxi. Para a fome os bolos de negra-mina, pé de moleque, alcaçar, tapioca, manauê. África, Bahia, Brasil. Irrupção de benguelas, congos, carapinhas, beiçolas, ancas, peitarias. Sobre os corpos pretos a iluminação do ouro, da prata, das contas e das roupas, de onde as cores saltam em delírio, amarelas, vermelhas, azuis, verdes. Música de coreto. Bateria. Cantoria infinita, confusa, das bocas pretas, abismais. Melopeia plangente para palavras canalhas. Fura a imobilidade ondulante um grupo de baianas, dançando, cantando, saracoteando a grossa luxúria negra, farejadas, seguidas por gorilas assanhados de beiços compridos, tocando pandeiros, pulando lascivos. As baianas cheiram a cravo, a baunilha e a fêmea. O mondronguinho também fareja, aspira, entontece, empalidece, suspira, exclama:

– Se em Portugal houvesse baianas, eu não saía de lá!

As baianas suspendem as saias rodadas e dançam, nos requebros das ancas, no arranco das umbigadas. A sensualidade é religiosa. O ritmo dos ranchos é sacerdotal. É o drama sacro, grave e profundo. Na base da magia, o culto. O carnaval espiritualiza-se. No seu imenso manancial recebe as correntes das crenças, dos cultos, que se transformam em festas. Também aí desaguam os cantos e as melodias de todo o povo do Brasil.

Solidariedade Humana*

Um dos espetáculos que mais impressionaram essa sensibilidade foi o da chegada no Maranhão dos míseros retirantes cearenses, os desgraçados da grande seca de 1877 a 1880.

Desembarcavam na rampa do Palácio e subiam a ladeira sob as vaias da populaça maranhense:

> Ceará moleque! Cabeça chata! Vá-se embora, volta, porque puseste Nosso Senhor na jangada e soltaste ele no mar? Bem-feito! Castigo de Deus.

Os miseráveis, taciturnos, de olhos vidrados pela fome e pela sede, não tinham forças sequer para resmungar o ódio que os esmagava. Marchavam cabisbaixos, silenciosos, carregados de maldições, alucinados pelas perseguições divinas e humanas. Vinham comidos pela fome que lhes deixava apenas o esqueleto ambulante. Reduzidos à extremidade da carne, a pele, curtida de sol, se lhes agarrava aos ossos. Ouvia-se o ruído soturno da ossadura desconjuntada. Caminhavam pela cidade na cadência sertaneja de quem vai devorar léguas de

---

* *In: Obra Completa* [*O meu Próprio Romance*]. Rio de Janeiro: Instituto Nacional do Livro, 1968, pp. 566-7.

campo esturricado. Passavam homens barbudos, proféticos, homens pelados de gafeira, sem calças, apenas vestidos de camisa fora da ceroula, mostrando as retesas canelas finas de tanto andar. Quase todos traziam a cabaça seca, onde recolheram as últimas gotas d'água do sertão. Passavam mulheres tostadas, desgrenhadas, arrastando crianças portadoras de gaiolas de graúnas, muitas carregando nos braços um fardo, que era o filho morto no vapor. Aboletavam-se no palácio do bispo em construção no Largo da Sé. Levas e levas de retirantes ali foram abrigadas e mal socorridas por um Governo pobre, imprevidente e impiedoso. Mas havia sempre na cidade gente generosa para socorrer os famélicos. Estes saíam a mendigar, afrontando os apupos da molecagem. Tanta miséria me atraía dolorosamente. Indiferente à fedentina dos sórdidos retirantes, todas as tardes vinha vê-los. Eles foram se familiarizando comigo. Ouvia-lhes, deslumbrado, a narrativa das suas venturas nos campos fartos de carne e leite e chorava com os lances tenebrosos da maldição da seca. E que esperança tenaz e milagrosa de voltar à terra novamente molhada, verde, verde! A linguagem cantante, estropiada, os "nhor sim" e "nhor não", os "quero não" , "chove não" me descansavam da fria correção lusa dos maranhenses. Era gente de tipos diversos, caboclos, ciganos, aços, louros. Nenhum preto. Raça de gente livre que jamais conhecera a escravidão, gente toda aventurosa, jogada perpetuamente entre a abastança e a fome. Sabiam esquecer a desgraça, podiam rir e cantar canções sertanejas de vaqueiros, desafios de vagabundos, melopeias ciganas. Ouvindo-os contar e cantar, eu imaginava o sertão. Eu quisera partir para lá com eles, viver-lhes a vida arriscada, ardente, plebeia, evadir-me da ponderação burguesa da minha terra.

Seguramente esse contato diurno e longo com a miséria dos retirantes, remexendo-me o coração, revoltando-me, abriu em mim a fonte da piedade que mais tarde se transmudaria no fecundo sentimento da solidariedade humana.

BIBLIOGRAFIA DE GRAÇA ARANHA

Canaã (romance). Rio de Janeiro/Paris: Garnier, 1902.

Malazarte (Drama em três atos – Ilustrações de F. Montagny). Rio de Janeiro: F. Briguiet e Cia., 1911.

Estética da Vida. Rio de Janeiro/Paris: Garnier, 1921.

Correspondência de Machado de Assis e Joaquim Nabuco (Ensaio introdutório e notas sobre a correspondência entre estes escritores). São Paulo: Monteiro Lobato, 1923.

O Espírito Moderno (ensaios). São Paulo: Monteiro Lobato, 1925.

A Viagem Maravilhosa (romance). Rio de Janeiro/Paris: Garnier, 1929.

O meu Próprio Romance (autobiografia incompleta). São Paulo: Editora Nacional, 1931.

Obra Completa (organizada sob a direção de Afrânio Coutinho). Rio de Janeiro: Instituto Nacional do Livro, 1968.

BIBLIOGRAFIA SOBRE GRAÇA ARANHA

ALMEIDA, Renato. "Graça Aranha e o Modernismo". *In*: *Obra Completa* (organizada sob a direção de Afrânio Coutinho). Rio de Janeiro: Instituto Nacional do Livro, 1968.

ALMEIDA, Renato. *Graça Aranha* – Textos Escolhidos (Coleção Nossos Clássicos), 2.ª edição. Rio de Janeiro: Agir, 1970.

AZEVEDO, Maria Helena Castro. *Um Senhor Modernista*. Biografia de Graça Aranha. Rio de Janeiro: Academia Brasileira de Letras, 2002.

BOSI, Alfredo. "Graça Aranha". *In*: *Pequeno Dicionário de Literatura Brasileira*. 3.ª edição – Org. José Paulo Paes e Massaud Moisés. São Paulo: Cultrix, 1987.

FREYRE, Gilberto. "Graça Aranha – O que Significa para o Brasil de Hoje?". *In*: *Obra Completa* (organizada sob a direção de Afrânio Coutinho). Rio de Janeiro: Instituto Nacional do Livro, 1968.

PROENÇA FILHO, Domício. "Graça Aranha e a Continuidade da Prosa Impressionista". *In*: *História da Literatura Brasileira*. Lisboa: Publicações Alfa, 1999.

Série Essencial

001 Oswaldo Cruz, *Moacyr Scliar*
002 Antônio Houaiss, *Afonso Arinos, filho*
003 Peregrino Júnior, *Arnaldo Niskier*
004 João do Rio, *Lêdo Ivo*
005 Gustavo Barroso, *Elvia Bezerra*
006 Rodolfo Garcia, *Maria Celeste Garcia*
007 Pedro Rabelo, *Ubiratan Machado*
008 Afonso Arinos de Melo Franco, *Afonso Arinos, filho*
009 Laurindo Rabelo, *Fábio Frohwein de Salles Moniz*
010 Artur Azevedo, *Sábato Magaldi*
011 Afonso Arinos, *Afonso Arinos, filho*
012 Cyro dos Anjos, *Sábato Magaldi*
013 Euclides da Cunha, *José Maurício Gomes de Almeida*
014 Alfredo Pujol, *Fabio de Sousa Coutinho*
015 João Cabral de Melo Neto, *Ivan Junqueira*
016 Ribeiro Couto, *Elvia Bezerra*
017 José do Patrocínio, *Cecilia Costa Junqueira*
018 Bernardo Élis, *Gilberto Mendonça Teles*
019 Teixeira de Melo, *Ubiratan Machado*
020 Humberto de Campos, *Benicio Medeiros*

IMPRENSA OFICIAL DO ESTADO DE SÃO PAULO

Coordenadora Editorial: *Cecília Scharlach*
Assistente Editorial: *Viviane Vilela*

CTP, Impressão e Acabamento: *Imprensa Oficial do Estado de São Paulo*

Foi feito o depósito legal na Biblioteca Nacional
(lei nº 10.994, de 14.12.2004)

Impresso no Brasil

Formato: *13 x 18,5 cm*
Tipologia: *Caslon*
Papel Capa: *Cartão Triplex 250 g/m²*
Miolo: *Chamois Fine Dunas 120 g/m²*
Número de páginas: *68*
Tiragem: *2000*

Rua da Mooca, 1.921 Mooca
03103 902 São Paulo SP
sac 0800 01234 01
sac@imprensaoficial.com.br
livros@imprensaoficial.com.br
www.imprensaoficial.com.br

GOVERNO DO ESTADO DE SÃO PAULO
Governador: *Geraldo Alckmin*
Secretário Chefe da Casa Civil: *Sidney Beraldo*

IMPRENSA OFICIAL DO ESTADO DE SÃO PAULO
Diretor-presidente: *Marcos Antonio Monteiro*